ALPHAPLUS

Übungsheft Alphabetisierung | Deutsch als Zweitsprache

Peter Hubertus, Vecih Yaşaner

1 A M L

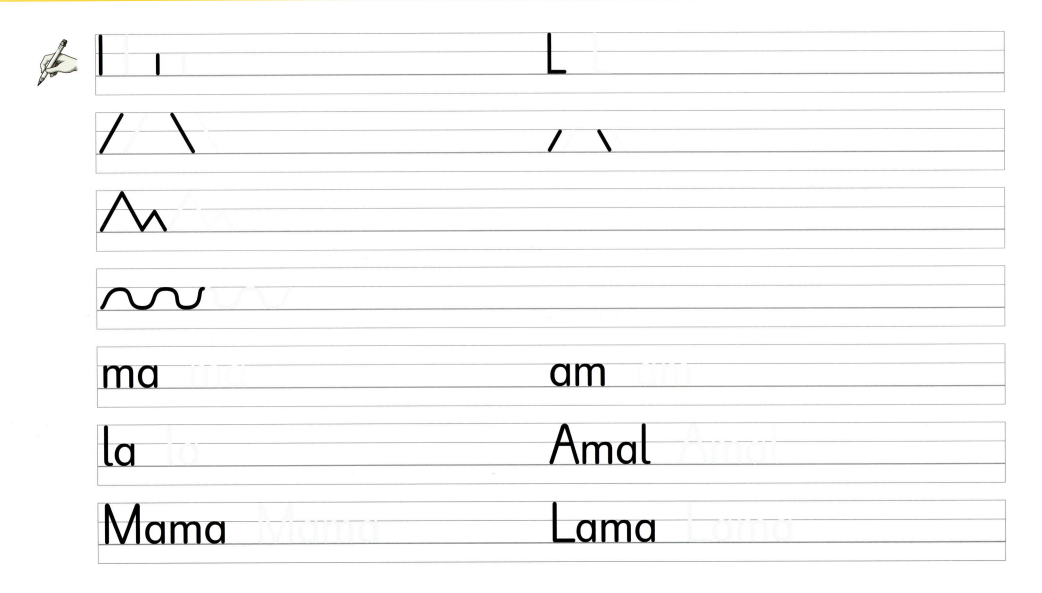

la	ma	La	am	al	am	al
lala	mala	Lama	Lama	Amal	lama	mala

Ma	Am	ma	La	la	Al
Mam	Ama	mal	Lam	lal	Alm
Mama	Amal	mala	Lama	lala	Alma

Mama	Lala	Mama	Lala	Ama
Amal	Malam	Alam	Mamal	Amam
lala	lama	mala	Alma	Amla

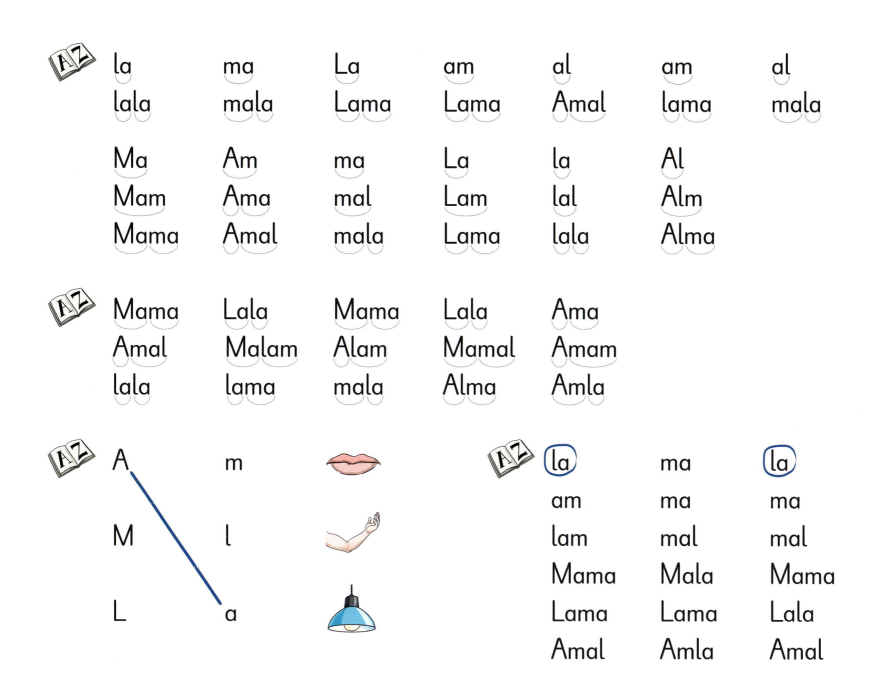

(la)	ma	(la)
am	ma	ma
lam	mal	mal
Mama	Mala	Mama
Lama	Lama	Lala
Amal	Amla	Amal

A — a
M — m
L — l

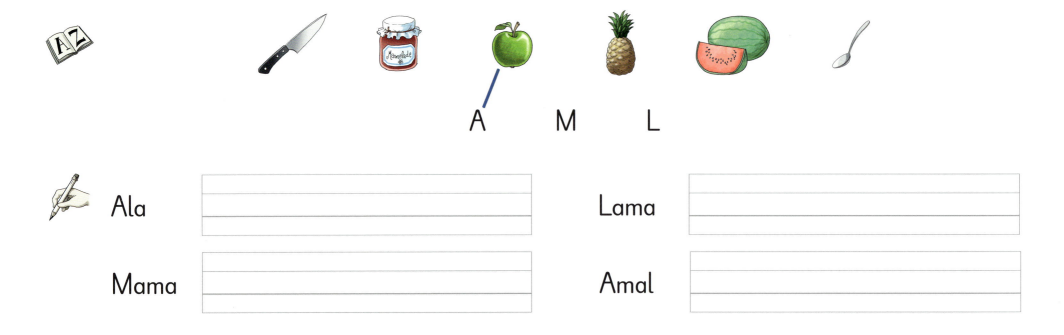

A   M   L

Ala

Lama

Mama

Amal

Amal   Mama   Lama

MamlaAmalLalmLamalMalalamalMamalammlMAmallmamalLalaamm
LAmallalaMamalamaLama

A   M   L

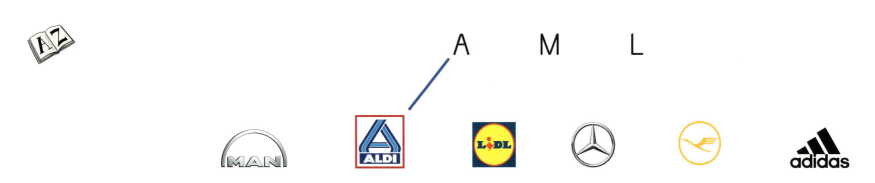

Das kann ich!

 der Arm

 der Mund

 die Lampe

 der Apfel

 die Ananas

 die Banane

 der Salat

 die Melone

 die Tomate

 das Salz

 die Salami

 die Marmelade

 die Milch

 das Messer

 der Löffel

 die Gabel

 der Teller

 das Glas

 der Markt

 Guten Morgen!

 Guten Tag!

 Guten Abend!

 Gute Nacht!

 Auf Wiedersehen!

Tschüss!

2 E S R

l | l

) C |) C

∩ | ∩

er | es

lese | Esel

Raser | Selma

Maler | Amsel

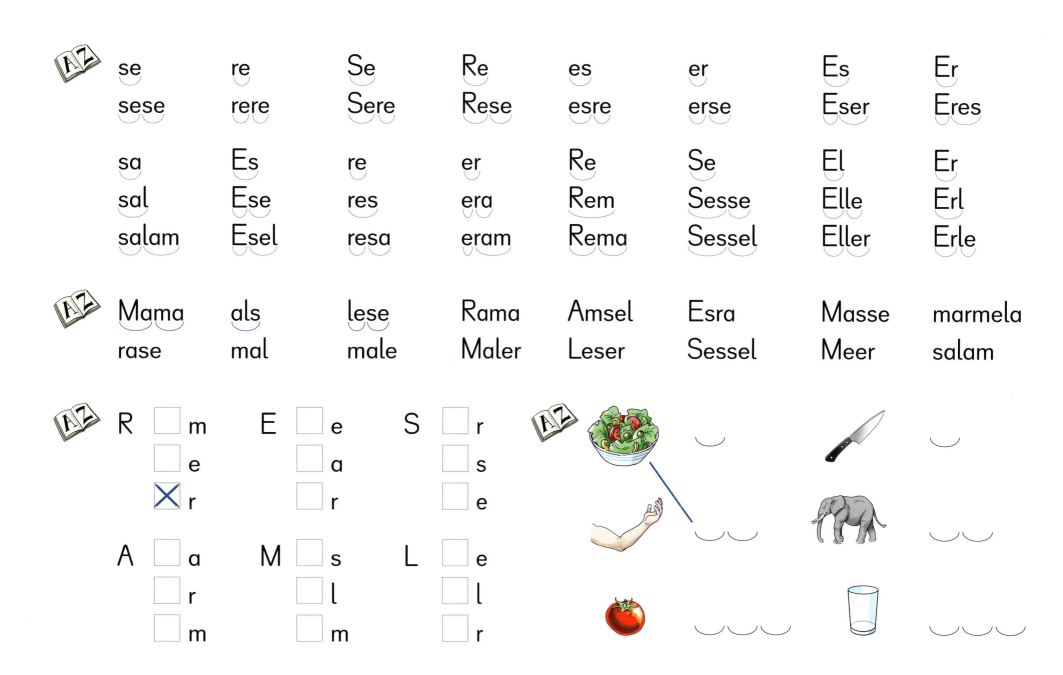

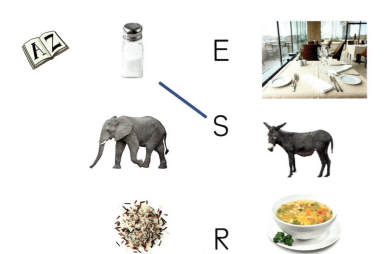

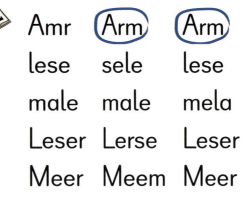

Amr (Arm) (Arm) Salem Selma Selma
lese sele lese sare rase rase
male male mela Mars Mars Masr
Leser Lerse Leser Asmel Amsel Amsel
Meer Meem Meer Malre Maler Maler

Arm

Esra

Leser

Sessel

Maler   esse   Aral   Arm   Meer

MalA(esse)ralMalerressAralessealmArmaessaAlraMaMaleraraMeerssem
MelarAralArellemessArmMemMeeral

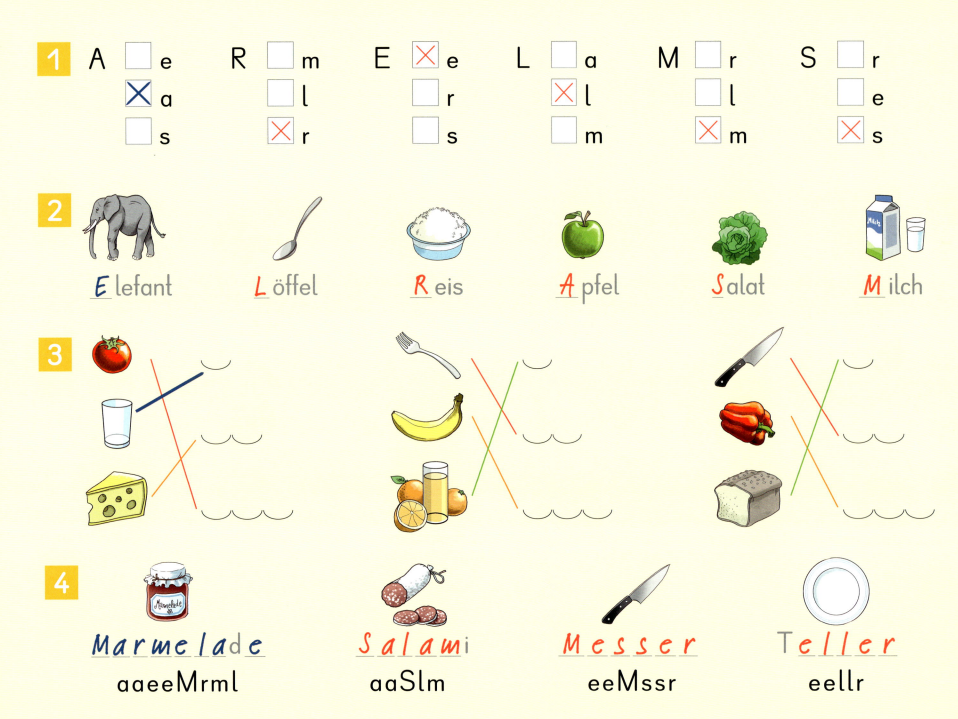

Das kann ich!

der Arm   der Esel   der Leser   der Sessel   die Amsel

 der Elefant
 das Radio
 der Zucker
 das Wasser
 der Saft
 der Käse
 der Reis
 das Restaurant
 das Brot

 die Butter
 der Paprika
 die Suppe
 der Kaffee
 die Schokolade
 der Tee
 Deutschland
 die Pizza

 essen
 trinken
 sprechen

3 O N D

No	do	Ro	So	mo	lo	Da	ne
Nono	dodo	Roso	Soro	molo	Lomo	Dane	neda

R	Na	ro	Da	Ro	De	Mo	La
Ra	Nas	ros	Dam	Rom	Deo	Mon	Lan
Rad	Nase	rosa	Dame	Roman	Deos	Mond	Land

Leder	Melone	Dom	Mandel	Oma	malen	Masern	lesen
normal	essen	Mandeln	Melonen	Dame	Dose	Marmelade	

Oma   Nase

Dose   Mond

Melone

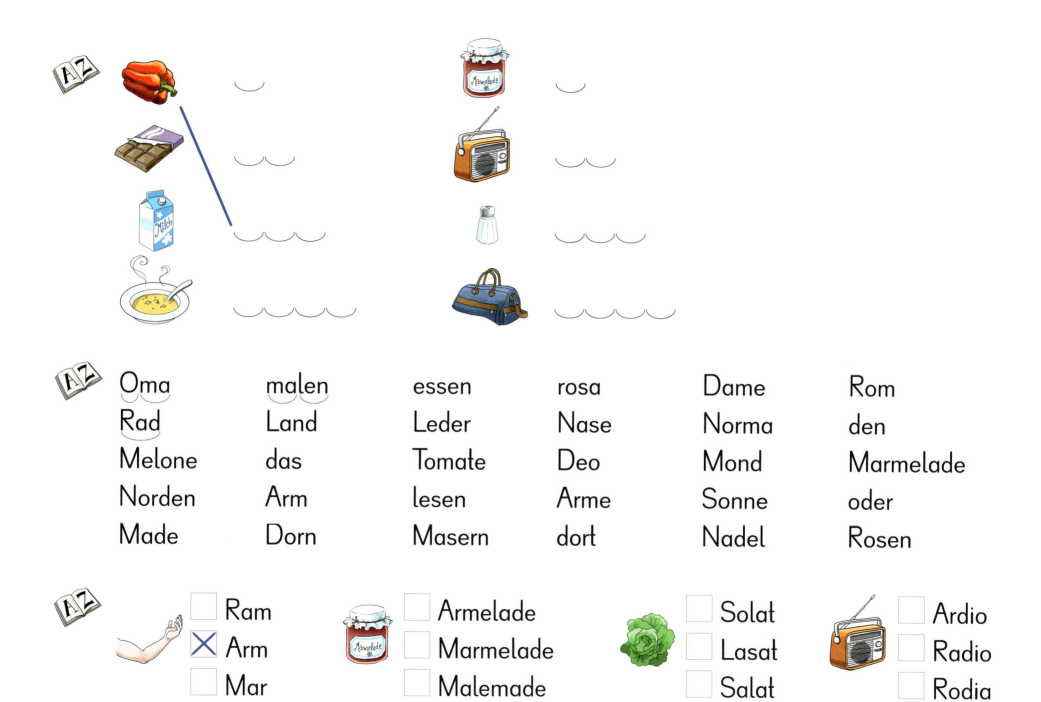

a̶ r N e
A̶ R L D O
 d s m
E o S M n l

$\mathcal{A}$							
a							
$\mathcal{A}$	$\mathcal{E}$	$\mathcal{O}$	$\mathcal{M}$	$\mathcal{N}$	$\mathcal{L}$	$\mathcal{S}$	$\mathcal{R}$ $\mathcal{D}$
a	e	o	m	n	l	s	r d

Ali und Lea malen.

Amal und Ali essen Melone.

Ron und Lara lernen.

Adam und Esra lesen.

___ __t__ __h_ ____ ____ ___i

mAr   rEnle   noS   saNe   mNea   odRa

Das kann ich!

die Ananas	die Melone	die Marmelade	die Dose	der Laden	der Name	
die Oma	die Nase	der Mond	essen	lesen	malen	lernen

	das Buch		die Eltern		der Koch
	das Bild		der Vater		die Lehrerin
	das Heft		die Mutter		der Verkäufer
	der Stift		die Tochter		die Hausfrau
	die Tasche		der Sohn		die Friseurin
	Musik hören		der Bruder		das Ohr
	Fußball spielen		die Schwester		verheiratet
	der Opa		das Kind		ledig

4   I   F   G

Fa	fe	fo	fon	fam	Fes	Far	Fama
Gi	go	ge	ga	Gel	gar	Gala	Gigi
li	ni	di	ri	Si	im	in	Siri

Ofen	Igel	Erde	Dorf	Film	Sofa	gern	ledig
Senf	also	Form	reden	grillen	Sommer	Frage	morgen
Ferien	gerade	Garnele	Gardinen	Limonade			

lang	Ding	singen	Finger	Ring	Anfang		
Gas	Glas	Gras	Golf	Geld	Gold		

Ich lese gern.
Und du?

Ich singe gern.
Und du?

Ich grille gern.
Und du?

Ich esse gern Salami.
Und du?

Igel   Geld   Glas   Film   essen   fragen   Sofa   sagen   Arm   Finger   Nase

RsIgelaRToIgelksbGiMGeldGlasapNcFilmsFjkessenadilfragenGlasNMF SofasagenAhuilArmugFingerfMNasebneim

Igel	Film
Glas	Geld
ledig	Morgen

ALI

- ☐ Me
- ☒ Na
- ☐ Ma

- ☐ De
- ☐ Se
- ☐ Do

- ☐ Gi
- ☐ Ge
- ☐ Ga

- ☐ Ma
- ☐ Me
- ☐ Ne

- ☐ Nu
- ☐ Mu
- ☐ No

- ☐ En
- ☐ Se
- ☐ In

 ☐ Gald ☐ Gedl ☒ Geld  ☐ Igle ☐ Igel ☐ Igele  ☐ Masser ☐ Messer ☐ Messa   ☐ Ensil ☐ Insel ☐ Insle

A											
a											
A	E	O	J	M	L	S	R	N	D	F	G
a	e	o	i	m	l	s	r	n	d	f	g

se · fa · ~~lat~~ · Do · So · ~~Sa~~

 Salat

sen · es · gen · le · fra · sen

1

- ☒ Sa
- ☐ Si
- ☐ La

- ☐ Me
- ☐ Se
- ☐ Ge

- ☐ Go
- ☐ Ne
- ☐ Do

- ☐ Ma
- ☐ Na
- ☐ Ne

- ☐ Do
- ☐ Ro
- ☐ Ra

- ☐ Ga
- ☐ Le
- ☐ Ge

2

Geld — deGl

_____ — legI

_____ — enMole

_____ — Asanan

_____ — bAden

3

- ☐ Gals
- ☒ Glas
- ☐ Dlas

- ☐ Flim
- ☐ Film
- ☐ Fiml

- ☐ Messre
- ☐ Messa
- ☐ Messer

- ☐ Mogenn
- ☐ Mognen
- ☐ Morgen

4

1

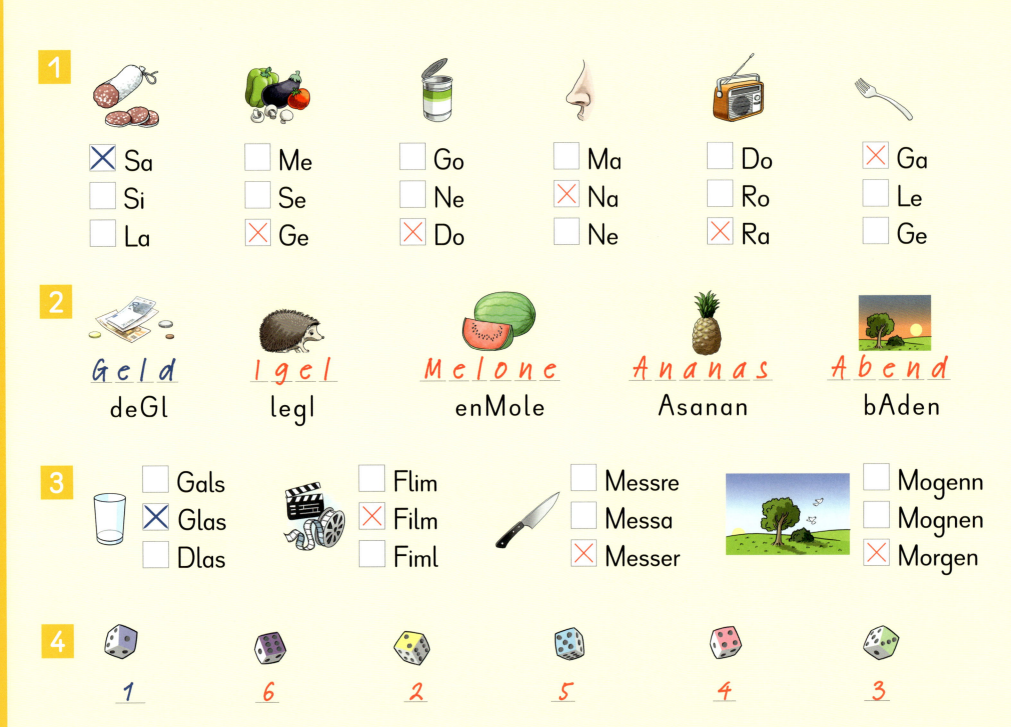

Das kann ich!

das Dorf	das Geld	das Glas	die Familie	der Film	die Firma	der Igel	die Insel	die Salami
das Radio	der Morgen	grillen	singen	fragen	sagen	ledig		

	kochen		die Disko	der Gast
	tanzen		der Fisch	die Tasse
	spazieren gehen		das Fleisch	die Flasche
	im Internet surfen		das Gemüse	der Freund
	das Internet		die Birne	der Fuß
	das Telefon		die Nudeln	Montag
	das Kino		die Wurst	Dienstag
				Mittwoch
	der Park		das Obst	Donnerstag
				Freitag
				Samstag
	das Café		die Kellnerin	Sonntag

21

5 U B T

Tee   Saft   Obst   Brot   Ort   Rest   ernst   gut
Bruder   Nummer   leben   unten   turnen   oben   Gabel   Teller
Adresse   Elefant   Telefon   Internet Formular   anrufen   Tomate   Donnerstag

Lust   Last   List
Ente   Ernte ernten
und   rund   Runde
rot   Brot   Brote
lesen leben loben

Mutter
Telefonnummer
Marmelade
Tag
Elefant

d   Mun__   Ra__   Gel__   Bil__   Aben__   Ba__
t   Bro__   Sala__ Gas__   gu__   Obs__   Mona__

■ Guten Morgen, Ali.   ■ Guten Tag, Uta.   ■ Guten Abend, Ida.
● Guten Morgen, Lisa.   ● Guten Tag, Anton.   ● Guten Abend, Gabi.

ettBur   bOts   resseM   eNludn   Mdnu

1 Das Foto ist toll.
2 Die Birne ist gelb.
3 Der Salat ist bunt.
4 Die Melone ist rot.
5 Die Tassen sind im Regal.
6 Ali sagt Lisa die Telefon-Nummer.
7 Die Eltern essen Brot mit Butter.

Uhr

Bus   Teller   Glas   Tasse   Brot

Kind   Salat   **der**   **das**   **die**   Butter   Obst

Telefon   Gabel   Messer   Gast   Geld   Kellnerin

Gert Maler   Das ist der _____.
Am Ufer 5   Das ist die _____.
10115 Berlin   Das ist der _____.
Deutschland   Das ist das _____.
+49 30 5296619   Das ist die _____.

Mein Name ist _____
Meine Adresse ist _____
Meine Telefonnummer ist _____
Das ist meine Unterschrift: _____

Das kann ich!

das Internet	das Telefon	die Adresse	das Land	die Nummer	die Etage	die Telefonnummer	
die Gabel	die Tasse	der Teller	der Salat	die Tomate	das Obst	die Birne	die Nudeln
die Butter	das Brot	der Tee	der Saft	die Eltern	die Mutter	der Bruder	der Gast
der Mond	das Ufer	die Insel	der Mund	das Bild	die Farbe	der Elefant	der Bus
der Abend	Montag	Donnerstag	Samstag	Sonntag			
anrufen	geben	baden	oben	gut	bitte	rot	gelb

 die Stadt

 die Straße

 das Haus

 der Platz

 das Handy

 die Uhr

 die Gurke

 der Wein

 ja

 nein

 schwarz

 weiß

 grün

 blau

 braun

6 Ei K W

Kurs	kalt	Kind	Wind	wir	Ei	Reis	Wein
Eltern	Mutter	Kinder	Onkel	Tante	Winter	Wolke	Regen
weinen	legen	kosten	wissen	arbeiten	kommen	grillen	warten

| ein | kein | nein | sein | Bein | Teil | Beil | weil |
| was | wo | wer | wann | bist | kannst | kommst | weinst |

Saft	Tasse	Glas	Garten	Tag	Salat
Birnensaft	Teetasse	Weinglas	Obstgarten	Freitag	Eiersalat
Tomatensaft	Kaffeetasse	Wasserglas	Kindergarten	Donnerstag	Gurkensalat

Die Kinder trinken   Brot mit Wurst und Tomatensalat.
Meine Mutter lebt   seine Kinder an.
Die Eltern essen   ein Glas Rotwein.
Der Onkel trinkt   Birnensaft im Kindergarten.
Tarik ruft   in Marokko.

_____ und _____ _____ und _____
roMgen   dnebA ttMuer Kndi

_____ und _____ _____ und _____
franeg ? worantten . Wnei sserWa

■ Wann beginnt der Film?   ■ Wann kommt der Bus?   ■ Wann beginnt der Kurs?
● Am Sonntag um 20 Uhr.   ● Am Morgen um 7.30 Uhr.   ● Am Montag um 9.00 Uhr.
■ Ist das ein Krimi?   ■ Und am Abend?   ■ Und wo ist der Kurs?
● Nein, das ist kein Krimi.   ● Um 18.05 Uhr.   ● Die Adresse ist: Markt 7.

1 Der Kurs beginnt um 8 Uhr.   3 Elena kauft Wasser.
2 Die Kinder essen gern Eis.   4 Der Bus kommt am Abend um 20.05 Uhr.

	malen	sagen	essen	lesen	anrufen	trinken	fragen	grillen
die Telefonnummer				x	x			
die Lehrerin								
Tee								
die Wurst								
das Wort								
Brot mit Tomate								
das Bild								

Morgen|essen|wirBrotmitWurstundTomatensalat.

Morgen essen

AlitrinkteinGlasWasserundAmaltrinkteineTasseTee.

MeineAdresseistUlmerWeg2undmeineTelefonnummerist533555.

1 Telefonnummer   Kleiner Weg 8
Name   Marta Engel
Ort   05726 333
Adresse   Bonn

2 Mutter   der ☐   das ☐   die ☒
Kaffee   der ☐   das ☐   die ☐
Kind   der ☐   das ☐   die ☐
Tag   der ☐   das ☐   die ☐

3

 Sa ☒ / Si ☐ / La ☐

 Do ☐ / Lo ☐ / To ☐

 Dur ☐ / Gur ☐ / Gor ☐

 Krei ☐ / Krie ☐ / Grei ☐

 Da ☐ / Se ☐ / Ta ☐

El ☐ / Tel ☐ / Del ☐

4

 Gabel

 _____

 _____

 _____

 _____

5
16 − 9 = 7   5 + 9 = ___   20 − 3 = ___   5 − ___ = 2   12 + 5 = ___
15 − 6 = ___   12 + ___ = 16   5 + 3 = ___   12 + 7 = ___   11 + 9 = ___

1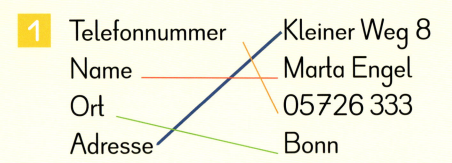

Telefonnummer — 05726 333
Name — Marta Engel
Ort — Bonn
Adresse — Kleiner Weg 8

2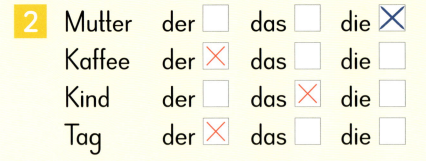

	der	das	die
Mutter	☐	☐	☒
Kaffee	☒	☐	☐
Kind	☐	☒	☐
Tag	☒	☐	☐

3

Sa ☒	Do ☐	Dur ☐	Krei ☒	Da ☐	El ☐
Si ☐	Lo ☐	Gur ☒	Krie ☐	Se ☐	Tel ☒
La ☐	To ☒	Gor ☐	Grei ☐	Ta ☒	Del ☐

4

Gabel   Bus   Eis   Wurst   Birne

5
16 − 9 = 7   5 + 9 = 14   20 − 3 = 17   5 − 3 = 2   12 + 5 = 17
15 − 6 = 9   12 + 4 = 16   5 + 3 = 8   12 + 7 = 19   11 + 9 = 20

Das kann ich!

die Gurke	die Wurst	der Reis	der Wein	der Kaffee	das Wasser	das Eis	das Kind	die Disko	die Musik
das Kino	der Kellner	die Arbeit	die Tafel	die Kreide	das Lineal	das Wort	der Kuli	der Eimer	der Mittag
warum	wann	krank	ein	eine	minus	nein	danke	trinken	

 am Vormittag

 am Nachmittag

 in der Nacht

 der Zug

 das Auto

 die S-Bahn

 die U-Bahn

 die Straßenbahn

 der Deutschkurs

 die Schule

 der Block

 der Bleistift

 der Radiergummi

 die Schere

 das Wörterbuch

 die Pause

 das Frühstück

 der Kopf

 telefonieren

 einkaufen

7 Au P Z

Auto	tanzen	Pizza	Aufgabe	Zimmer	Lippe
Person	Prozent	Ampel	Zunge	Ausweis	Pilz
Paul	Zentrum	Punkt	Programm	Anzug	Suppe
kaufen	Post	Zeiger	Zug	zwei	Salz

b/B _ein _utter gel_ Ga_el ar_eiten
p/P _ost _ause Su__e Am_el Su_ermarkt

- Peter, kommst du morgen zum Kurs?
- Nein, Paulina ist krank. Sie muss zum Arzt. Wollen wir morgen Mittag zusammen lernen?
- Gern. Wann?
- Um zwei Uhr? Dann ist Paulina bei der Oma.
- Drei Uhr ist besser.
- Gut, das passt. Dann bis morgen.

Zeit	Montag
Tag	Minute
Farbe	Opa
Monat	Berlin
Obst	Banane
Ort	blau
Familie	Dezember

_____ und _____   _____ und _____
zzaPi   torB   priPaka   temaTo

_____ und _____   _____ und _____
nsei 1   eizw 2   gTa   oaMnt

arbeiten: ■ Ich _arbeite_ am Freitag von 6 bis 14 Uhr. Wann _____ du?
● Ich _____ mit Tina zusammen. Wir _____ am Samstag von 14 bis 22 Uhr.

lernen: ■ Toni und Rafa, wann _____ ihr, am Morgen oder am Abend?
● Ich _____ gern am Morgen und Rafa _____ gern am Abend.

Minute   Tag   Mund   Monat   Pizza

Post   Bein   der   das   die   Zug   Salz

Messer   Kurs   Film   Test   Pause   Abend

Nase – Auge – Mund – ~~Auto~~ – Bein – Arm
Paprika – Gurke – Kreide – Tomate – Salat
Montag – Sonntag – Freitag – Mittag – Donnerstag – Samstag
Apfelsaft – Kaffee – Tee – Wasser – Wein – Obstsalat
tanzen – malen – zwei – grillen – lesen – surfen

aus · Frau · ~~Woher~~

■ _Woher_ kommt deine _____ ?

● Sie kommt _____ Kenia.

Heute · Kinofilm · Wann

■ _____ beginnt der _____ ?

● _____ Abend um 20 Uhr.

Kellner · Wo · Restaurant

■ _____ arbeitet Tarek?

● Er arbeitet im _____ .

  Er ist _____ .

Paprika · Pizza · Was

■ _____ essen die Kinder gern?

● Die Kinder essen gern _____

  mit Salami und _____ .

Das kann ich!

der Apfel	die Pizza	das Salz	der Paprika	die Suppe	das Restaurant
die Minute	der Tag	der Monat	die Zeit	der August	
die Frau	der Opa	der Test	die Pause	die Lampe	
das Auto	der Zug	die Polizei	die Post	der Park	der Platz
das Auge	der Daumen	die Lippe	der Kopf		
kaufen	einkaufen	tanzen	laufen	zeigen	
super	blau	braun	grau	aus	

 der Zahn

 die Zahl

 die Stunde

 die Woche

 das Jahr

 Rad fahren

 spielen

 der Spielplatz

 drei Uhr

 Viertel vor 3

 Viertel nach 3

 halb 3

8   Ä   H   V

Hals	Heft	Hand	Hut	haben	Heimat	Haus	Hund
ändern	Äpfel	Käse	Männer	Hände	Gäste	Gläser	Ärzte

sehen	gehen	nähen	mähen	fernsehen	drehen
wohnen	zählen	fahren	Zähne	Sohn	Wohnung
zahlen	Zahn	nehmen	bezahlen	zehn	Lehrerin
Mehl	Kohl	Uhr	U-Bahn	weh	Zahnarzt

Vogel	Vater	verboten	Volk	voll	vorbereiten
fahren	Fernseher	Film	Firma	fragen	Familie
Vase	November	Vanille	Villa	Virus	Visum
Winter	Wolke	Wein	Wurst	Wetter	Wasser

Hafen	von	Verbot	vertrauen	haben	Vorteil	Kinderhose
Eva	März	vergessen	Herrenhut	Arbeitsheft	Kaufhaus	zählen

✏️ _____ und _____
  inWter   lingFrüh

_____ und _____
  pfelÄ 🍏   Brnnie 🍐

_____ und _____
  rstuW 🌭   esäK 🧀

_____ und _____
  heitetverra 💍   giled ✋

✏️ | Kilo · Gläser · kauft · B̶u̶s̶ | | fährt · Vormittag · November · und |

Lisa fährt mit dem _Bus_ zum Markt.
Sie kauft ein _____ Äpfel, 200 Gramm
Käse und zwei _____ Honig. Dann geht
sie zum Getränkeladen und _____ Saft.

Helena hat am 6. _____
Geburtstag. Am _____ geht
sie zur Arbeit. Um 15 Uhr _____ sie
ins Café _____ feiert mit Freunden.

📖 ✏️ Eva Hänsel ist 40 Jahre alt.
Sie ist Lehrerin.
Sie ist verheiratet und hat drei Kinder.
Die Namen sind Evi, Verena und Heiko.

Name: _Eva Hänsel_
Alter: _____
Familienstand: _verheiratet_
Beruf: _____

- Woher kommt du?
- Wo wohnst du?
- Hast du Kinder?
- Bist du verheiratet?
- Wann bist du geboren?

- Nein, ich habe keine Kinder.
- Am 3. November 1998.
- Ich komme aus Somalia.
- Ich wohne in Hamburg.
- Nein, ich bin ledig.

Mein Name ist _____.

Ich bin _____ Jahre alt.

Ich habe am _____ Geburtstag.

Ich bin _____ und habe _____ Kinder.

Mein Lernpartner / Meine Lernpartnerin:

Name: Das ist _____
Alter: _____ ist _____
Geburtstag: _____ hat am _____.
Familienstand: _____ ist _____.
Kinder: _____ hat _____.

1 Du … Äpfel. Eva … gern Kaffee. Wir … mit dem Zug. Die Eltern … ihr Auto.

kaufen ☐	trinkst ☐	fahren ☐	verkauft ☐
kaufst ☒	trinkt ☐	fährst ☐	verkaufe ☐
kaufe ☐	trinke ☐	fahrt ☐	verkaufen ☐

2
	der	das	die
Vater	☒	☐	☐
Einladung	☐	☐	☐
Frühling	☐	☐	☐
Vormittag	☐	☐	☐
Kaufhaus	☐	☐	☐
Feier	☐	☐	☐
Restaurant	☐	☐	☐

3
Er zeigt —————— Saft.
Toni hat ————— Fotos.
Er ruft   ins Kino
Wir trinken   Geburtstag.
Lisa geht   90 Minuten.
Der Film beginnt den Arzt an.
Der Kurs dauert   um 19 Uhr.

4 1 `01:20`   2 🕑   3 `13:10`   4 🕥   5 🕝   6 `03:11`

[2] Es ist zwei Uhr.   ☐ Es ist Viertel vor zehn.   ☐ Es ist zehn vor drei.
☐ Es ist ein Uhr zwanzig. ☐ Es ist dreizehn Uhr zehn.   ☐ Es ist drei Uhr elf.

1 Du … Äpfel. Eva … gern Kaffee. Wir … mit dem Zug. Die Eltern … ihr Auto.

kaufen ☐   trinkst ☐   fahren ☒   verkauft ☐
kaufst ☒   trinkt ☒   fährst ☐   verkaufe ☐
kaufe ☐   trinke ☐   fahrt ☐   verkaufen ☒

2
	der	das	die
Vater	☒		
Einladung			☒
Frühling	☒		
Vormittag	☒		
Kaufhaus		☒	
Feier			☒
Restaurant		☒	

3
Er zeigt — Fotos.
Toni hat — 90 Minuten.
Er ruft — den Arzt an.
Wir trinken — Saft.
Lisa geht — ins Kino
Der Film beginnt — um 19 Uhr.
Der Kurs dauert — Geburtstag.

4 1 `01:20`   2 🕑   3 `13:10`   4 🕘   5 🕑   6 `03:11`

2 Es ist zwei Uhr.   **4** Es ist Viertel vor zehn.   **5** Es ist zehn vor drei.
1 Es ist ein Uhr zwanzig.   **3** Es ist dreizehn Uhr zehn.   **6** Es ist drei Uhr elf.

Das kann ich!

der Kalender	der Winter	der Sommer	der Herbst	der Monat	der Februar	der März
der April	der Mai	der August	der September	der Oktober	der November	der Dezember
der Vorname	der Sohn	der Vater	der Geburtsort	der Geburtstag	das Geburtsdatum	der Mann
die Hose	das Hemd	die Hand	das Ohr	der Zahn	das Haus	zu Hause
die Einladung	die Zusage	die Feier	das Fest	Ostern	Ramadan	das Fahrrad
der Arzt	die Ärztin	der Vormittag	der Vogel	die Ruhe	der Käse	
die Hände	die Männer	die Äpfel	die Mäntel	die Gäste	die Gläser	
beginnen	dauern	einladen	feiern	verkaufen	sehen	gehen
haben	geboren sein	geben	es gibt	verheiratet	hundert	eintausend
bis bald	wann	von … bis …				

 das Geschäft

 der Frühling

 der Juli

 das Geschenk

 der Januar

 die Schulferien

 schenken

 der Juni

 Weihnachten

9   Ö J Sch

Öl	Köln	Löffel	öffnen	Möbel	Schal	Schule
schneiden	Schokolade	Fisch	Fleisch	Tasche	Maschine	schön
Jahr	Januar	Juli	Jogurt	Juni	Jaguar	ja

Jasmin ist 16 Jahre alt. Sie wohnt in Köln. Sie geht zur Schule.
Jasmin hat im Juni Geburtstag. Vom 1. Juni bis zum 9. Juli hat sie Ferien.
Dann fährt sie mit den Eltern in den Urlaub.
Sie sind drei Tage in Jena und dann zehn Tage in Schwerin.
Im Juli kommt sie in die 10. Klasse.

ein Apfel	zwei	*zwei Äpfel*	eine Dose	zwei	_____
eine Gurke	zwei	_____	eine Tafel	zwei	_____
eine Tomate	zwei	_____	ein Schrank	zwei	_____
ein Jahr	zwei	_____	ein Bett	zwei	_____
ein Ei	zwei	_____	ein Tisch	zwei	_____

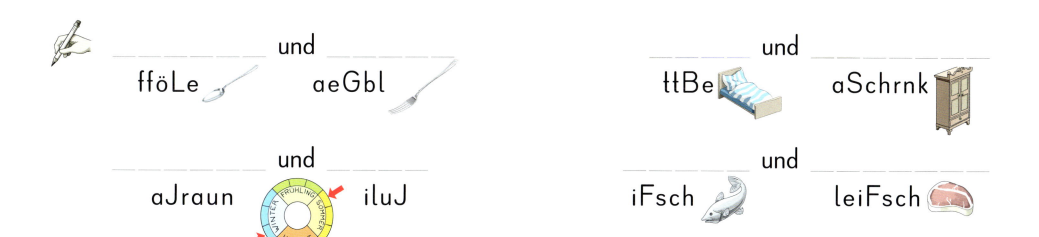

_____ und _____
fföLe   aeGbl

_____ und _____
ttBe   aSchrnk

_____ und _____
aJraun   iluJ

_____ und _____
iFsch   leiFsch

- Was|darf|es|sein?
- Ichnehmevier Tomaten.
- Istdasalles?
- Jadasistalles.

- *Was darf*
-
-
-

der Schrank

Möbel

der Apfel

Obst

43

☐ Nudln ☐ Flashe ☐ Olivenäl ☐ Jogurt
☐ Nudeln ☐ Falasche ☐ Oliwenol ☐ logurt
☐ Nuteln ☐ Flasche ☐ Olivenöl ☐ Jogureth

Marek fährt mit dem _Bus_ zum Supermarkt. | Brille · ~~Bus~~ · Schule |

Jasmin kauft eine Melone, eine Gurke und zwei _____ Saft. | Tafeln · Liter · Kilo |

Der Film beginnt _____ 19 Uhr. | und · mit · um |

Wie lange _____ der Englischkurs? | beginnt · arbeitet · dauert |

Was darf es sein?   Zu Edeka.
Was kostet der Apfelsaft?   200 Gramm Salami, bitte.
Wo kaufst du Jogurt und Olivenöl?   1,39 € die Flasche.
Was kauft Jörg auf dem Markt? Obst und Eier.
Wohin gehst du?   Im Supermarkt

44

Das kann ich!

das Jahr	der Januar	der Juni	der Juli	Deutschland	Deutsch	Japan	Japanisch
der Junge	die Schwester	die Schule	die Tasche	die Schere	die Zeitung	das Geschäft	der Supermarkt
das Öl	das Olivenöl	der Mais	die Kiwi	der Feldsalat	die Möhre	die Schokolade	der Emmentaler
die Kirschmarmelade		die Sahne	der Jogurt	der Fisch	das Fleisch	das Rindfleisch	die Leberwurst
die Tafel	das Gramm	das Kilo	der Liter	die Flasche	die Möbel	der Schrank	der Tisch
das Bett	das Sofa	der Löwe	das Geschenk	der Löffel	der Körper	die Hose	
hören	schenken	kosten	schlafen	nehmen	schreiben	finden	kaufen
schön	jung	alt	schwarz	krank	modern	alles	ja

 das Brötchen

 das Hähnchen

 die Packung

 das Stück

 die Tüte

 teuer

 der Euro

 der Stuhl

 der Teppich

10 Ü St Sp

spät	Spüle	Spanisch	Spagetti	Stadt	Staat
üben	Tür	Brüder	fünfzehn	streiten	Stühle
stehen	aufstehen	anstehen	verstehen	Spitze	Sport

Musik	sparen	keine Zeit	einkaufen
Auto	schlafen	ins Kino	sprechen
auf dem Sofa	fahren	im Supermarkt	haben
Geld	hören	Spanisch	gehen

toll · interessant · schön · langweilig · doof

fernsehen: • _Siehst du gern fern_   ? ■ _Ja, das finde ich interessant._
Zeitung lesen: • _Liest du_   ? ■ _____
Karten spielen: • _____   ? ■ _____
einkaufen: • _____   ? ■ _____

die Tochter

Ich – um 6 Uhr – stehe – auf.   *Ich stehe um 6 Uhr auf.*
Ich – um 7:30 Uhr – fahre – zum Deutschkurs.   _____
Ich – um 15 Uhr – hole – ab – meine Kinder.   _____
Ich – rufe – an – meine Mutter – jeden Abend.   _____
Ich – sehe – fern – am Abend – gern.   _____

fernsehen · ~~fahren~~ · essen · schlafen

Frau Stein *fährt* mit dem Bus zur Arbeit
Herr Spangel _____ auf dem Sofa.
Familie Müller _____ im Wohnzimmer _____.
Jürgen _____ gern Spinat mit Spiegelei.

Es ist Sonntag. Frau Müller hat Geburtstag. Um 14 Uhr kommen die Gäste. Das sind ihr Bruder Peter, ihre Schwester Ilse, ihr Sohn Martin mit seiner Frau Erika und das Enkelkind Jonas. Frau Müller bekommt viele Geschenke: Blumen, einen Mantel, eine Tafel Schokolade mit Mandeln und eine Musik-CD. Eine halbe Stunde später trinken alle zusammen Kaffee und essen Torte dazu. Dann spielt Peter Gitarre und alle singen ein Geburtstagslied. Am Abend gehen sie in ein Restaurant. Frau Müller bestellt Fisch mit Kartoffeln und Gemüse. Dazu trinkt sie Wasser und ein Glas Sekt. Um 22 Uhr ist die Feier zu Ende. Frau Müller geht um 23:30 Uhr ins Bett.

Was schenken die Gäste Frau Müller? _____

Was macht Peter? _____

Wo essen sie zu Abend? _____

	richtig	falsch
Frau Müller feiert ihren Geburtstag mit der Familie.	☐	☐
Am Vormittag kommen die Gäste.	☐	☐
Sie essen zusammen zu Mittag und gehen dann spazieren.	☐	☐
Am Abend grillen sie im Garten.	☐	☐

1 anrufen · aufräumen · schlafen · ~~Geburtstag~~ · Gäste · Feier

Am Sonntag hat Martin _Geburtstag_. Er feiert zu Hause.
Die _____ kommen um 18 Uhr.
Um 18:05 Uhr _____ Martins Bruder ____. Er kommt 30 Minuten später.
Um 23 Uhr ist die _____ zu Ende. Martin _____.
Um 23:30 Uhr geht er ins Bett und _____.

2
☐ Jörg um 15 Uhr ruft seinen Bruder an.
☐ Jörg ruft seinen Bruder um 15 Uhr an.
☐ Jörg anruft seinen Bruder um 15 Uhr.

☐ Ina feiert am Sonntag Geburtstag.
☐ Ina am Sonntag feiert Geburtstag.
☐ Ina Geburtstag feiert am Sonntag.

3 Jonas arbeitet von 8:00 bis 14:00 Uhr.
Jonas arbeitet ☐ 8 ☐ 6 ☐ 14 Stunden.
Rita geht um 23:00 Uhr schlafen. Um 6:00 Uhr steht sie auf.
Rita schläft ☐ 8 ☐ 19 ☐ 7 Stunden.
Der Film beginnt um 20:20 Uhr und dauert eine Stunde.
Der Film endet ☐ um 21 ☐ um 21:20 ☐ 13:00 Uhr.

1 | anrufen · aufräumen · schlafen · ~~Geburtstag~~ · Gäste · Feier |

Am Sonntag hat Martin _Geburtstag_. Er feiert zu Hause.
Die _Gäste_ kommen um 18 Uhr.
Um 18:05 Uhr _ruft_ Martins Bruder _an_. Er kommt 30 Minuten später.
Um 23 Uhr ist die _Feier_ zu Ende. Martin _räumt auf_.
Um 23:30 Uhr geht er ins Bett und _schläft_.

2
☐ Jörg um 15 Uhr ruft seinen Bruder an.
☒ Jörg ruft seinen Bruder um 15 Uhr an.
☐ Jörg anruft seinen Bruder um 15 Uhr.

☒ Ina feiert am Sonntag Geburtstag.
☐ Ina am Sonntag feiert Geburtstag.
☐ Ina Geburtstag feiert am Sonntag.

3 Jonas arbeitet von 8:00 bis 14:00 Uhr.
Jonas arbeitet ☐ 8 ☒ 6 ☐ 14 Stunden.
Rita geht um 23:00 Uhr schlafen. Um 6:00 Uhr steht sie auf.
Rita schläft ☐ 8 ☐ 19 ☒ 7 Stunden.
Der Film beginnt um 20:20 Uhr und dauert eine Stunde.
Der Film endet ☐ um 21 ☒ um 21:20 ☐ 13:00 Uhr.

Das kann ich!

der Stift	der Bleistift	der Student	die Stunde	die Übung	die Hausaufgabe	
die Uni	die Aufgabe	der Stuhl	der Sport	der Schlüssel	das Hotel	die Torte
der Sekt	die Blumen	die Gitarre	der Zoo	der Vormittag	der Strom	der Staub
der Stein	die Spur	der Stoff	die Stufe	die Spinne	die Speise	der Spargel
die Spritze	die Verspätung	die Sparkasse	die Stimme	die Arbeitsstelle	die Strümpfe	
der Kuss	die Tür	die Tankstelle	der Stern	das Abendessen	das Mittagessen	
dürfen	müssen	wollen	studieren	küssen	aufstehen	abholen
anrufen	einkaufen	fernsehen	sparen	verstehen	nähen	springen	überholen
müde	krank	über	spät	falsch	interessant	uninteressant
doof	langweilig	stopp				

 der Nachmittag

 das Frühstück

 frühstücken

 aufräumen

 die Musik-CD

 der Computer

11 Äu Eu

Verkäufer	Euro	Bäume	Räume	Feuer	heute
aufräumen	Beutel	läuft	Mäuse	teuer	neu
Läufer	Leute	träumen	Häuser	Freundin	neun

- Gefällt dir das Hemd?
- Ja, das gefällt mir gut.
- Und der Anzug? Den finde ich gut.
- Der ist super, aber zu teuer.
- Ja, das stimmt. Er kostet 299 Euro.

- Das Kleid ist schön. Was kostet es?
- Es kostet 60 Euro.
- Und was kostet die Bluse?
- Sie kostet 30 Euro.
- Gut, ich nehme das Kleid und die Bluse.

Wo finde ich Anzüge?
Gefällt Ihnen die Farbe?
Passt Ihnen der Anzug?
Der Anzug kostet nur 129 Euro.
Wollen Sie den Anzug anprobieren?

Ja, blau finde ich gut.
Super, das ist billig!
Ja, er passt. Die Hose ist nur zu lang.
Im Erdgeschoss.
Ja, gern. Der Anzug gefällt mir.

ein Kleid	fünf		eine Bluse	drei	
ein Mantel	zwei		ein Haus	drei	
eine Hose	zehn		eine Maus	zehn	
ein Anzug	drei		ein Baum	fünf	
ein Hemd	neun		ein Freund	zwei	

Kleidung

der Mantel

Schreiben Sie **er**, **sie**, **es** oder **ihn**.

Die Hose ist schön. *Sie* ist nicht zu teuer. Ich kaufe *sie* .

Der Mantel kostet 290 Euro. ____ ist zu teuer. Ich nehme ____ nicht.

Das Kleid ist sehr elegant und ____ gefällt mir. Ich kaufe ____ .

Die Strümpfe sind billig. ____ sehen gut aus. Ich nehme ____ .

- Wie findest du den Mantel?
- Ganz gut. Er ist sehr elegant.
- Gefällt dir die Farbe?
- Ja. Rosa gefällt mir ganz gut.
- Und der Preis?
- 130 Euro ist nicht zu teuer.

- Wie findest du *das Kleid* ?
-
-
-
-
-

- Wie findest du _____ ?
-
-
-
-
-

  Der Rock ist zu

Das kann ich!

der Rock	die Bluse	die Sommerbluse	die Damenwäsche	die Damenmode
der Anzug	das Hemd	das Herrenhemd	die Herrenwäsche	die Herrenbekleidung
der Pulli	die Schuhe	die Sportschuhe	die Sportmode	die Badebekleidung
das Kleid	die Hose	die Kinderhose	die Baumwolle	die Kinderkleidung
der Mantel	der Ärmel	das Kaufhaus	das Erdgeschoss	das Untergeschoss
der Euro	die Leute	der Verkäufer	die Verkäuferin	das Feuer
der Freund	die Freundin	Deutschland	der Deutschkurs	Europa
die Maus	die Mäuse	das Haus	die Häuser	die Bäume

geben (es gibt)	gefallen	passen	schauen	freuen	finden	aufräumen
heute	neu	elegant	klein	billig	teuer	lang
weit	eng	kurz				

---

 die Jacke   der Rock   anprobieren

 die Socke   das T-Shirt   zu groß

12 ch Milch ch Buch

ch 🥛	rechts	Rechner	Michael	sprechen	Teppich	gemütlich
ch 📗	kochen	achtzehn	machen	besuchen	Buchstabe	Mittwoch

Brötchen Raucher Geschichte welcher Bochum ein bisschen Tochter nicht
Küche Woche rechnen Nacht Sprache Nachmittag Unterricht acht

Ich suche eine Wohnung in München. Die Preise sind hoch.
Meine Tante und mein Onkel wohnen in München.
Sie bezahlen mehr als 1.000 Euro Miete für eine kleine Wohnung. Das ist teuer!

Wohnung   Küche   Wohnzimmer   Bad   Herd

Balkon   der   das   die   Zimmer

Toilette   Regal   Spüle   Kühlschrank   Teppich

hell ↔ *dunkel*   billig ↔ _____   neu ↔ _____
groß ↔ _____   kurz ↔ _____   schön ↔ _____

ein Tisch und ein Stuhl

zwei Tische und zwei _____

_____

_____

- Wo wohnen Sie? ▪ _____
- Gefällt Ihnen die Wohnung? ▪ _____
- Haben Sie einen Balkon? ▪ _____
- Welche Möbel haben Sie? ▪ _____

- Welche Zimmer haben Sie? ▪ _____

im Restaurant	grillen	in der Stadt	Deutsch lernen
im Garten	wohnen	in der Schule	Nudeln kochen
im Supermarkt	essen	in der Küche	einen Film sehen
im Erdgeschoss	einkaufen	im Kino	spazieren gehen

(im Restaurant — essen)

● Guten Tag, mein Name ist Mohamadi. Sie haben eine Anzeige in der Zeitung.
■ Ja, eine Drei-Zimmer-Wohnung.
● Genau. Ist die Wohnung noch frei?
■ Ja, sie ist noch frei.
● Wie groß ist die Wohnung?
■ Sie hat 90 m².

● Die Wohnung kostet 900 Euro. Ist das mit Nebenkosten?
■ Nein, mit Nebenkosten sind das 1.050 Euro.
● 1.050 Euro warm. Schade, das ist zu teuer.

> 3-Zi-Whg. zu vermieten:
> Altbau, EG, zentral,
> BLK, EURO 900.

Wie viele Zimmer hat die Wohnung? ☐ Eins. ☐ Zwei. ☐ Drei.
Wie hoch sind die Nebenkosten? ☐ 900 Euro. ☐ 150 Euro. ☐ 1.050 Euro.
Wo ist die Wohnung? ☐ Im ersten Stock. ☐ Im Erdgeschoss. ☐ Im dritten Stock.
Die Wohnung hat … ☐ keinen Balkon. ☐ einen Balkon. ☐ einen Garten.

1 Der Schrank ist toll. Ich kaufe ____.
- [ ] es
- [x] ihn
- [ ] sie

Das Bad gefällt mir. ____ ist sehr modern.
- [ ] Es
- [ ] Ihn
- [ ] Sie

Hier sind die Regale. ____ gefällt dir?
- [ ] Welche
- [ ] Welcher
- [ ] Welches

____ Tische sind im Angebot.
- [ ] Dieser
- [ ] Diese
- [ ] Dieses

2 fernsehen · arbeiten · kochen · ~~schlafen~~ · essen · spielen

Schlafzimmer   *schlafen*
Kinderzimmer   _____
Arbeitszimmer _____

Esszimmer   _____
Küche   _____
Wohnzimmer _____

3 In der Küche gibt es eine _____, zwei rote _____ und einen neuen Kühlschrank. Wir brauchen noch einen *Tisch* und vier _____, einen _____ und eine schöne _____.

59

1

Der Schrank ist toll. Ich kaufe ___.
- [ ] es
- [x] ihn
- [ ] sie

Das Bad gefällt mir. ___ ist sehr modern.
- [x] Es
- [ ] Ihn
- [ ] Sie

Hier sind die Regale. ___ gefällt dir?
- [ ] Welche
- [ ] Welcher
- [x] Welches

___ Tische sind im Angebot.
- [ ] Dieser
- [x] Diese
- [ ] Dieses

2

| fernsehen · arbeiten · kochen · ~~schlafen~~ · essen · spielen |

Schlafzimmer *schlafen*
Kinderzimmer *spielen*
Arbeitszimmer *arbeiten*

Esszimmer *essen*
Küche *kochen*
Wohnzimmer *fernsehen*

3 In der Küche gibt es eine *Spüle*, zwei rote *Schränke* und einen neuen Kühlschrank. Wir brauchen noch einen *Tisch* und vier *Stühle*, einen *Herd* und eine schöne *Lampe*.

60

Das kann ich!

die Wohnung	das Zimmer	das Wohnzimmer	das Schlafzimmer	das Bad	die Toilette	die Küche
der Balkon	das Kinderzimmer	das Arbeitszimmer	das Esszimmer	die Spüle	der Herd	das Licht
der Tisch	der Stuhl	der Kühlschrank	das Regal	der Schrank	das Sofa	der Sessel
der Teppich	das Bett	das Kinderbett	die Lampe	das Angebot	das Buch	der Buchstabe
die Sprache	der Unterricht	der Monat	die Woche	der Mittwoch	der Nachmittag	die Nacht
die Tochter	das Mädchen	der Koch	die Köchin	die Milch	das Brötchen	die Geschichte
das Gesicht	die Zigarette	Weihnachten	die Entschuldigung			
rechnen	sprechen	kochen	schauen	machen	brauchen	besuchen
rauchen	lachen	weinen	hässlich	hell	dunkel	freundlich
warm	schlecht	hinten	vorne	rechts	links	ein bisschen
richtig	nicht					

 der Quadratmeter

 die Miete

13 ie C ck

Stück   Miete   Café
Glück   Fieber   Bäckerei
Ecke   Dienstag   Jacke
Liebe   Computer   Hackfleisch
frühstücken   Coca-Cola   studieren

☐ Hallo, Marco. Es geht mir nicht gut.
☐ Dann gute Besserung!
☐ Ich habe eine Grippe und Fieber.
1 Hallo, Jan. Wie geht es dir?
☐ Was hast du?

Lieber Martin,
Leon ist krank. Wir gehen zum Arzt.
Kauf bitte Brot. Wir sind um drei zu Hause.
Bis später, Lena

	richtig	falsch
Lena ist krank.	☐	☐
Lena und Leon sind beim Arzt.	☐	☐
Lena will Brot kaufen.	☐	☐

Orte: die Arztpraxis   das Krankenhaus   ~~die Grippe~~   die Apotheke   das Wartezimmer
Kopf: der Mund   der Zahn   das Auge   der Termin   die Nase   das Ohr
Körper: das Bein   der Fuß   das Rezept   der Rücken   der Hals   die Hand
Krankheit: der Husten   der Schnupfen   die Tablette   die Erkältung   das Fieber   die Grippe

Nein, ich habe kein Fieber. • ~~Guten Tag, Herr Omrat. Was tut Ihnen weh?~~ •
Haben Sie Fieber? • Ich habe Kopfschmerzen und mein Hals tut weh. •
Ich schreibe Ihnen ein Rezept. Nehmen Sie die Tabletten und trinken Sie viel. •
Ja, das mache ich. Vielen Dank. • Auf Wiedersehen und gute Besserung.

Dr. Stein: *Guten Tag, Herr Omrat. Was tut Ihnen weh?*
Herr Omrat: _____
Dr. Stein: _____
Herr Omrat: _____
Dr. Stein _____

Herr Omrat: _____
Dr. Stein: _____

 der Kopf

(Mensch)

(krank) *die Bauchschmerzen*

ich|kann|heutenichtzurArbeitkommenIchbinkrankundgehezumArztIchrufeSiemorgenVormittagan.

Liebe Frau Schüssler,

ich kann _____.

_____.

_____.

Mit freundlichen Grüßen
Farid Habib

 habe • bin • tut weh • Mach • Nimm • Bleib

- Mein Kopf _____ _____.
- Ich _____ Zahnschmerzen.
- Ich _____ krank und habe Fieber.

- _____ eine Tablette!
- _____ einen Termin beim Zahnarzt!
- _____ heute zu Hause!

64

Das kann ich!

das Fieber	die Kopfschmerzen	die Halsschmerzen	die Bauchschmerzen	der Schnupfen	der Husten
die Grippe	die Erkältung	das Fieber	die Allergie	die Hausärztin	der Augenarzt
der Zahnarzt	der Kinderarzt	die Frauenärztin	der Tierarzt	das Krankenhaus	die Arztpraxis
die Sprechzeiten	das Wartezimmer	der Termin	die Apotheke	der Hustensaft	die Tablette
das Rezept	der Mensch	das Knie	der Hals	die Brust	der Rücken
der Finger	das Bein	der Zeh	das Gesicht	die Haare	
die Miete	der Stecker	der Spiegel	der Computer	der Radiergummi	die Socken
das Frühstück	der Speck	das Stück	die Packung	Viertel vor drei	
die Liebe	die Ziege	das Bier	die Jacke	die Socke	der Rock
weh tun	siegen	fliegen	kriegen	liegen	warten
untersuchen	operieren	aufmachen	bleiben	machen	sehen
backen	wiederkommen	anprobieren	frühstücken	telefonieren	spazieren gehen
erkältet	gesund	fit	dick	viel	
hier	zuerst				

14 ß Qu X Y

heißen   Taxi   Gruß   Hobby   Fußball   bequem
Alexander   Yoga   Quadratmeter   dreißig Praxis   Handy
Quark   schließen Großeltern   Party   überqueren   süß

• Entschuldigung, wie komme ich zum Krankenhaus?
■ Gehen Sie bis zur Kreuzung und dann nach links.
   Dann weiter geradeaus. Rechts sehen Sie das Krankenhaus.

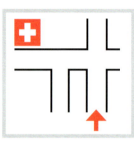

• Entschuldigung, wie komme ich zur Uni?
■ Sind Sie zu Fuß oder mit dem Auto?
• Zu Fuß.
■ Zu Fuß ist das zu weit!
   Nehmen Sie am besten die U-Bahn.
• Welche Linie muss ich nehmen?
■ Die Linie 3.

	richtig	falsch
Er ist mit dem Auto da.	☐	☐
Er geht zu Fuß zur Uni.	☐	☐
Er fährt mit der U-Bahn.	☐	☐
Er nimmt in die Linie 3.	☐	☐

Wohin? *zur* Bank   *zum* Bahnhof   ____ Rathaus   ____ Polizei   ____ U-Bahn
Wie? *mit dem* Taxi   *mit der* U-Bahn   ____ Bus   ____ S-Bahn   ____ Auto

d___ P___p___tz   d___ B___h_____lle

d___ A_____   d___ K_____ng

Gehen Sie → _____, dann ↑ _____ und an der Ampel ← _____.

hinter • neben • vor • dem Supermarkt • der Apotheke • dem Haus

- Wo ist der Parkplatz?   ▪ _____
- Wo ist der Garten?   ▪ _____
- Wo ist der Baum?   ▪ _____

Wohin muss Yvonne gehen? **Wo ist Yvonne?**

_____ _____

_____ _____

_____ _____

- Wohin _____ ? ■ Ich fahre zur Volkshochschule.
- Fährst _____ ? ■ Nein, ich fahre nicht mit dem Bus.
- Musst _____ ? ■ Ja, ich muss am Zoo umsteigen.

Wie heißt der Beruf?

verkaufen	der _____	Haare schneiden	der _____
kochen	die _____	unterrichten	die _____
backen	der _____	Taxi fahren	der _____

die Straße — in der Stadt

das Fahrrad — Verkehrsmittel

1 Marco ist im Kaufhaus. Sein Sohn hat Geburtstag. Er wird acht Jahre alt.
Marco braucht ein Geschenk. Er will einen Computer kaufen.
Aber es gibt nur teure Computer. Sie kosten mehr als tausend Euro.
Das ist zu viel. Marco nimmt ein Fahrrad für seinen Sohn.
Den Computer will er ein Jahr später schenken.

Was ist richtig?
☐ Marco hat Geburtstag.
☐ Marco kauft ein Fahrrad.
☐ Marco kauft einen Computer.

Was ist richtig?
☐ Das Fahrrad kostet tausend Euro.
☐ Die Computer sind zu teuer.
☐ Marco geht in ein Computergeschäft.

2 Wohin geht Jan?
☐ Zum Kaufhaus.
☐ Zur Kaufhaus.
☐ Beim Kaufhaus.

Wo ist Eva?
☐ Eva ist zum Arzt.
☐ Eva ist zur Arzt.
☐ Eva ist beim Arzt.

Wie kommt Sina zur Schule?
☐ Sie fährt mit der Bus.
☐ Sie fährt mit dem Bus.
☐ Sie fährt mit den Bus.

3 Schreiben Sie die Antwort.
• Wann müssen Sie morgen aufstehen? ▪ Ich m_____.
• Was wollen Sie heute Abend machen? ▪ Ich w_____.

1 Marco ist im Kaufhaus. Sein Sohn hat Geburtstag. Er wird acht Jahre alt.
Marco braucht ein Geschenk. Er will einen Computer kaufen.
Aber es gibt nur teure Computer. Sie kosten mehr als tausend Euro.
Das ist zu viel. Marco nimmt ein Fahrrad für seinen Sohn.
Den Computer will er ein Jahr später schenken.

Was ist richtig?
- [ ] Marco hat Geburtstag.
- [x] Marco kauft ein Fahrrad.
- [ ] Marco kauft einen Computer.

Was ist richtig?
- [ ] Das Fahrrad kostet tausend Euro.
- [x] Die Computer sind zu teuer.
- [ ] Marco geht in ein Computergeschäft.

2 Wohin geht Jan?
- [x] Zum Kaufhaus.
- [ ] Zur Kaufhaus.
- [ ] Beim Kaufhaus.

Wo ist Eva?
- [ ] Eva ist zum Arzt.
- [ ] Eva ist zur Arzt.
- [x] Eva ist beim Arzt.

Wie kommt Sina zur Schule?
- [ ] Sie fährt mit der Bus.
- [x] Sie fährt mit dem Bus.
- [ ] Sie fährt mit den Bus.

3 Schreiben Sie die Antwort.   Beispielantwort:
- Wann müssen Sie morgen aufstehen? ▪ Ich _muss morgen um 7:30 Uhr aufstehen_.
- Was wollen Sie heute Abend machen? ▪ Ich _will heute Abend fernsehen_.

Das kann ich!

der Bäcker	der Metzger	der Obstladen	der Gemüseladen	der Spielzeugladen	der Drogeriemarkt	der Friseur
die Post	die Kreuzung	die Ampel	die Straße	das Taxi	die U-Bahn	die S-Bahn
die City	der Parkplatz	der Bahnhof	der Hauptbahnhof	die Bushaltestelle	die U-Bahn-Station	der Flughafen
die Bank	die Sparkasse	die Arztpraxis	die Stadtmitte	der Ausgang	der Quadratmeter	das Fax
das Handy	das Hobby	das Baby	die Party	der Fuß	die Seife	die Qualle
die Hexe	der Teufel	nach Hause	zu Hause	zu Fuß	Syrien	Ägypten
müssen	können	einsteigen	aussteigen	umsteigen	überqueren	wohin
neben	vor	hinter	weit	geradeaus	nach rechts	nach links
kalt	heiß	weiß	groß	bequem		

ALPHAPLUS
Übungsheft Alphabetisierung | Deutsch als Zweitsprache

Im Auftrag des Verlages erarbeitet von Peter Hubertus und Vecih Yaşaner

In Zusammenarbeit mit der Redaktion: Anita Grunwald

Illustrationen: Matthias Pflügner
Umschlaggestaltung: EYES-OPEN, Berlin
Layout und technische Umsetzung: Anna Bakalović, Buchgestaltung+, Berlin
Bildredaktion: Franziska Becker, Berlin

Soweit in diesem Lehrwerk Personen fotografisch abgebildet sind und ihnen von der Redaktion fiktive Namen, Berufe, Dialoge und Ähnliches zugeordnet oder diese Personen in bestimmte Kontexte gesetzt werden, dienen diese Zuordnungen und Darstellungen ausschließlich der Veranschaulichung und dem besseren Verständnis des Inhalts.

www.cornelsen.de

1. Auflage, 1. Druck 2017

Alle Drucke dieser Auflage sind inhaltlich unverändert und können im Unterricht nebeneinander verwendet werden.

© 2017 Cornelsen Verlag GmbH, Berlin

Das Werk und seine Teile sind urheberrechtlich geschützt. Jede Nutzung in anderen als den gesetzlich zugelassenen Fällen bedarf der vorherigen schriftlichen Einwilligung des Verlages. Hinweis zu den §§ 46, 52a UrhG: Weder das Werk noch seine Teile dürfen ohne eine solche Einwilligung eingescannt und in ein Netzwerk eingestellt oder sonst öffentlich zugänglich gemacht werden. Dies gilt auch für Intranets von Schulen und sonstigen Bildungseinrichtungen.

Druck: Firmengruppe APPL, aprinta Druck, Wemding

ISBN 978-3-06-521285-4

Abbildungsverzeichnis

Die Platzierung der Fotos wird jeweils mit Seitenzahl angegeben. Die Nennung erfolgt, wenn nicht anders angegeben, von links nach rechts.

Umschlag: 1. Reihe: ClipDealer/Karl-Heinz Spremberg; Shutterstock/360b; Deutscher Apothekerverband (DAV) e.V./Shutterstock/Heiko Kueverling; Fotolia/ClaraNila; ClipDealer/YorkBerlin; 2. Reihe: Fotolia/de.photographie; Fotolia/Bjoern Wylezich; Deutsche Bahn AG/Volker Emersleben; Shutterstock/Vedmed85; Fotolia/fovito; **S. 4** MAN Truck & Bus AG, München; ALDI Einkauf GmbH & Co. OHG, Essen; Lidl Deutschland; Daimler AG, Stuttgart; Deutsche Lufthansa AG, Frankfurt; adidas AG, Herzogenaurach; **S. 8** 1. Reihe: Fotolia/2010 Robyn Mackenzie; Shutterstock/aerogondo2; 2. Reihe: Shutterstock/gualtiero boffi; Shutterstock/Iakov Filimonov; Fotolia/Picture Partners; Shutterstock/Billion Photos; **S. 14** 1. Reihe: Fotolia/VASILYEV ALEXANDR; Fotolia/Gpoint Studio; 2. Reihe: Fotolia/contrastwerkstatt; Fotolia/stokkete; **S. 16** Shutterstock/Vladitto; Colourbox; Fotolia/Peter Atkins; Shutterstock/Alexander Raths; **S. 23** 1. Reihe: Fotolia/Wolfgang Mücke; Fotolia/Ivan Smuk; Fotolia/MS201; 2. Reihe: Fotolia/rdnzl; Fotolia/mates; 3. Reihe: Fotolia/Frofoto; Fotolia/WavebreakMediaMicro; **S. 27** Fotolia/contrastwerkstatt; Fotolia/lunaundmo; Fotolia/lev dolgachov; Fotolia/tournee; **S. 47** Fotolia/Monkey Business; **S. 54** Illustration unter Verwendung von: Fotolia/terex (Mantel); Shutterstock/Maffi (Bluse); Fotolia/GeoM (Socken); Fotolia/Andrey Armyagov (Hemd); Fotolia/Vasina Nazarenko (Damenschuhe); Colourbox (Kleid), Fotolia/Aleksandr Lobanov (Herrenschuhe); Shutterstock/elenovsky (Pullover); Fotolia/Elnur (Lederjacke); Fotolia/vinzstudio (T-Shirt); Fotolia/terex (Bluse/Rock); Fotolia/eightstock (Pullover); Fotolia/demidoff (Hose); **S. 63** Fotolia/patrice lucenet; **S. 67** 1. Reihe: Fotolia/sester1848; Fotolia/reeel; 2. Reihe: Fotolia/Gina Sanders; Fotolia/Marco2811.